Trois journées de guerre en Annam

Pierre Loti

LA PRISE DU TONKIN

VUE DE L'ESCADRE

Le courrier d'Indo-Chine, arrivé hier par le *Yan-Tsé*, nous apporte une primeur qui sera fort appréciée de nos lecteurs. C'est la relation détaillée et prise sur le vif des opérations militaires accomplies pendant le mois d'août, et à la suite desquelles nos soldats s'emparèrent de la capitale de l'Annam.

Ce récit a été écrit à l'intention du *Figaro* par un officier de marine, à qui sa situation ne permet pas de signer.

Ce n'est pas seulement un document historique important, c'est aussi, comme on va en juger, un fort joli morceau de littérature.

---

17 Août. — L'escadre se réunit dans la baie de Tourane. L'attaque des forts de la ville de Hué sera pour demain.

Aucune communication avec la terre. La journée se passe en préparatifs. Le thermomètre marque 33°,5 au vent et à l'ombre. De hautes montagnes entourent la baie, rappelant les Alpes, moins leurs neiges. Sur une langue de sable, on aperçoit la ville de Tourane, un assemblage assez misérable de huttes basses, en bois et en roseaux.

On s'occupe à bord d'équiper les hommes des compagnies de débarquement, de leur délivrer à chacun, sac, bidon, bretelle de fusil, etc., même de leur faire essayer leurs souliers. Les matelots sont gais comme de grands enfants, à cette idée de débarquer demain, et ces préparatifs sont absolument joyeux.

Pourtant, les insolations et les fièvres ont déjà fait parmi eux plusieurs malades ; de braves garçons, qui tout dernièrement étaient alertes et forts, se promènent tête basse, la figure tirée et jaunie.

Dans l'après-midi, on voit arriver de terre un canot portant des mandarins vêtus de noir, l'un d'eux abrité sous un immense parasol blanc. Ils vont conférer à bord de l'amiral, et s'en retournent comme ils étaient venus.

À cinq heures, réunion et conseil des capitaines, à bord du *Bayard*. Orage et pluie torrentielle.

Les matelots passent la soirée à chanter, plus gaiement que de coutume. On entend même les vieux sons aigres d'un *biniou*, que des Bretons ont apporté.

Samedi 18 août. — À neuf heures du matin, l'escadre (*Bayard, Alalante, Annamile, Château-Renaud, Drac, Lynx, Vipère*) sort en ligne de file de la baie de Tourane, par un temps lumineux et splendide, traverse une légion de jonques de pêcheurs bizarrement voilées, et fait route vers Hué, la capitale du Tonkin.

À 2 *h.* 20, l'escadre arrive devant l'entrée de la rivière de Hué. Au premier plan, une côte de sable, étincelante dans le soleil, quelques cocotiers aux panaches verts, quelques maisons aux toits arqués à la chinoise. Un seul grand fort apparent, gardant l'entrée de la rivière, où la mer brise.

L'escadre s'approche avec précaution, en sondant, mouille le plus près possible, et *s'embosse*, en hissant les pavillons français, pour commencer le bombardement.

Le fort répond bravement, en hissant le pavillon jaune d'Annam. On dirait un fort moderne, bien construit et casematé, mais on n'y aperçoit pas de canons. Quelques personnages apparaissent aux embrasures, ayant l'air de flâner et de nous regarder fort tranquillement : la résistance sans doute ne sera pas sérieuse, et on s'attend à les voir déguerpir au premier coup de nos canons.

Au-dessus de la ligne brillante des sables, les montagnes du Tonkin forment un fond obscur qui monte très haut dans le ciel et se découpe en sombre sur la grande lumière bleue.

5 heures et demie du soir. — Un premier obus lancé par le *Bayard* donne le signal du feu. Il tombe en plein sur le fort annamite, soulevant une trombe rougeâtre de sable et de gravier. De tous les bâtiments de l'escadre, le bombardement commence, régulier et méthodique, chacun tirant sur le point précis qui lui a été indiqué hier. Quelques minutes se passent, et, à terre, rien ne bouge ; évidemment, les Annamites se sont sauvés.

Mais voici tout à coup de petites lueurs rapides qui éclatent aux embrasures du fort, accompagnées de fumées blanches ;

c'est la riposte, on tire sur nous.

Il y a même des canons en quantité, des petites batteries qu'on ne voyait pas, qui étaient échelonnées tout le long de la côte dans le sable, et qui font feu tant qu'elles peuvent.

Mais ce sont des boulets ronds, qui ne portent pas jusqu'à nous. Ils tombent à moitié route, en faisant des remous dans l'eau. Les avisos seuls, qui se sont approchés davantage, peuvent en recevoir par raccroc quelques-uns ; — les cuirassés, trop éloignés, les regardent venir sans crainte ; on les voit sautiller sur l'eau, en faisant des ricochets, comme des paumes d'enfant, et puis disparaître en chemin.

Bientôt de grandes flammes rouges commencent à monter, derrière le fort de Thouane-An ; c'est un incendie que nos obus ont allumé là-bas, des villages qui flambent ; cela gagne vite, et cela monte très haut, avec une épaisse fumée.

Le bombardement continue. Malgré le roulis qui gêne notre tir, les obus pleuvent sur les Annamites, chavirant tout ; mais eux tiennent toujours et précipitent leur feu. Assurément, ils sont braves.

7 heures du soir. — La nuit est presque venue ; c'est la lueur du village brûlé qui nous guide pour notre tir. Des nuages très épais se sont amoncelés sur les montagnes de l'Annam ; cela forme un immense fond noir, avec des éclairs qui se promènent dessus ; en bas, au ras de la mer, toujours les petites lueurs rapides des canons tirant sur nous. Une grosse lune jaune, qui se lève très embrouillée de nuages, éclaire mal la situation — on commence à ne plus rien voir. L'amiral signale de cesser le feu, et tout se tait.

Mais les Annamites ont riposté jusqu'à la fin, avec une force de résistance inattendue, et les pavillons du roi Tu-Duc flottent toujours sur la plage.

————————

C'est demain matin, dimanche, au petit jour, que nous devons tenter le débarquement de vive force — on a préparé, avec des bambous, des ponts, des radeaux, tout le matériel nécessaire. Les matelots ont toujours leur entrain insouciant ; — mais les gens raisonnables se préoccupent un peu de ce coup de main, avec si peu de monde, au milieu des brisants, sur une plage garnie de canons et de soldats. Vu de près, cela semble moins facile qu'hier, quand on en causait à Tourane.

Dimanche 19 août. — Branle-bas à 4 heures du matin. Les compagnies de débarquement prennent à la hâte les armes, les munitions, les vivres. On embarque dans les canots les pièces de campagne et les canons-revolvers.

5 heures et demie. — Contre-ordre de l'amiral, débarquement ajourné. Des baleinières de l'escadre sont allées dans la nuit à la plage examiner des brisants qui sont trop dangereux aujourd'hui. Avant le soleil levé, les hommes sont désarmés, le matériel ramassé, et on commence à bord, comme si de rien n'était, le grand lavage traditionnel du dimanche.

Au petit jour, l'air est si pur qu'on distingue à terre, jusque dans les lointains, les moindres détails des choses. Les longues-vues sondent le fond de la rivière de Hué ; de grands arbres, des palmiers verts, et, de distance en distance, des pavillons d'Annam, indiquant des forts et des batteries. On n'aperçoit rien de la ville, où, dit-on, la tête du pauvre commandant Rivière est encore exposée en place publique, au bout d'une perche.

Voici un mouvement de troupes sur le sable de la plage. Des gens sortent du fort de Thouane-An, que nous avons bombardé hier ; ils sont habillés de noir et coiffés de grands chapeaux chinois, chapeaux chinois blancs, en forme de champignon ; on voit leurs armes briller au soleil, — ce sont des soldats de l'armée régulière du roi Tu-Duc. Ils commencent à traverser la rivière dans un bac, pour se concentrer en face, dans un fort de la rive sud. Le *Bayard* leur envoie des obus ; il en résulte des paniques, des chutes dans l'eau ; on les voit courir comme des fous sur le sable. Mais le mouvement continue toujours, et les forts annamites se mettent à nous riposter.

Ce matin, à notre surprise, leurs projectiles arrivent jusqu'à nous et sifflent en l'air avec un bruit pareil à celui des nôtres. Évidemment, ce sont des pièces *rayées* qui nous les envoient. Ils n'en avaient pas hier, ils ont dû les établir pendant la nuit.

Un projectile traverse la hune de la *Vipère*, un autre enfonce les tôles du *Bayard*, et frappe un matelot dans la poitrine. Alors, au signal de l'amiral, le bombardement général recommence.

Pas de roulis aujourd'hui ; les pièces de l'escadre, parfaitement pointées, portent toutes en plein sur les batteries annamites, qui doivent être écrasées. À chacun de nos coups on voit voler des tourbillons de sable et de pierres. Leur feu ne tient pas dix minutes. Au bout d'une demi-heure, nous cessons aussi le nôtre, la terre ne ripostant plus.

Il est onze heures. Ce sera une journée de repos pour les matelots, qui en ont besoin ; on donne à bord le coup de sifflet bien connu : *L'équipage aux sacs, les jeux sont permis* ! — Les batteries de l'escadre, salies par la poudre, la fumée, l'eau boueuse des écouvillons, n'ont pas leur aspect habituel, leur réjouissante propreté du dimanche : mais il y passe aujourd'hui une bonne brise de mer, pas trop chaude, très respirable. Au lieu de *prendre leurs sacs*, les matelots, fatigués par quelques journées de travail excessif et de veilles, se couchent à plat pont et s'endorment. Les bâtiments deviennent silencieux comme de grands dortoirs.

À huit heures du soir, conseil de guerre à bord du *Bayard*. — Les brisants se sont beaucoup calmés ; les forts annamites, deux fois bombardés, ne doivent plus être en état d'opposer une résistance très longue, le débarquement est décidé pour demain matin et les marins se couchent bien vite, afin d'avoir un peu le temps de dormir avant le branlebas qu'on doit leur faire à quatre heures.

Les officiers du corps de débarquement sont désignés d'avance d'après certaines règles fixes basées sur leur ancienneté et leurs fonctions à bord ; ceux qui doivent rester pour la manœuvre et le service des batteries sont donc préparés depuis longtemps à cette privation et l'acceptent sans murmures.

Pour les matelots, il y a plus d'arbitraire ; bien des *gabiers*, qui n'avaient pas été désignés d'abord, ont réussi aujourd'hui à se substituer à d'autres moins dégourdis qu'eux, et partiront à leur place. Il s'agit demain matin de s'emparer de toute la rive gauche de la rivière de Hué, qui est la partie la plus sérieusement fortifiée de la côte. Indépendamment des petites batteries disposées çà et là dans le sable, il y a le grand fort circulaire du sud qui garde l'entrée de la rivière avec une quarantaine d'embrasures à canons ; puis la batterie du magasin au riz, et enfin, en remontant toujours vers le N.-O., le fort extrême du nord. Tous plus ou moins abîmés par les obus, mais sans doute réparés pendant la nuit et capables encore de recommencer le feu.

Nuit splendide. Les bâtiments de l'escadre promènent sur la terre de grands jets de lumière électrique qui doivent effrayer beaucoup les Annamites. Pendant ce temps-là, les baleinières françaises sondent l'entrée de la rivière, et explorent les brisants de la plage.

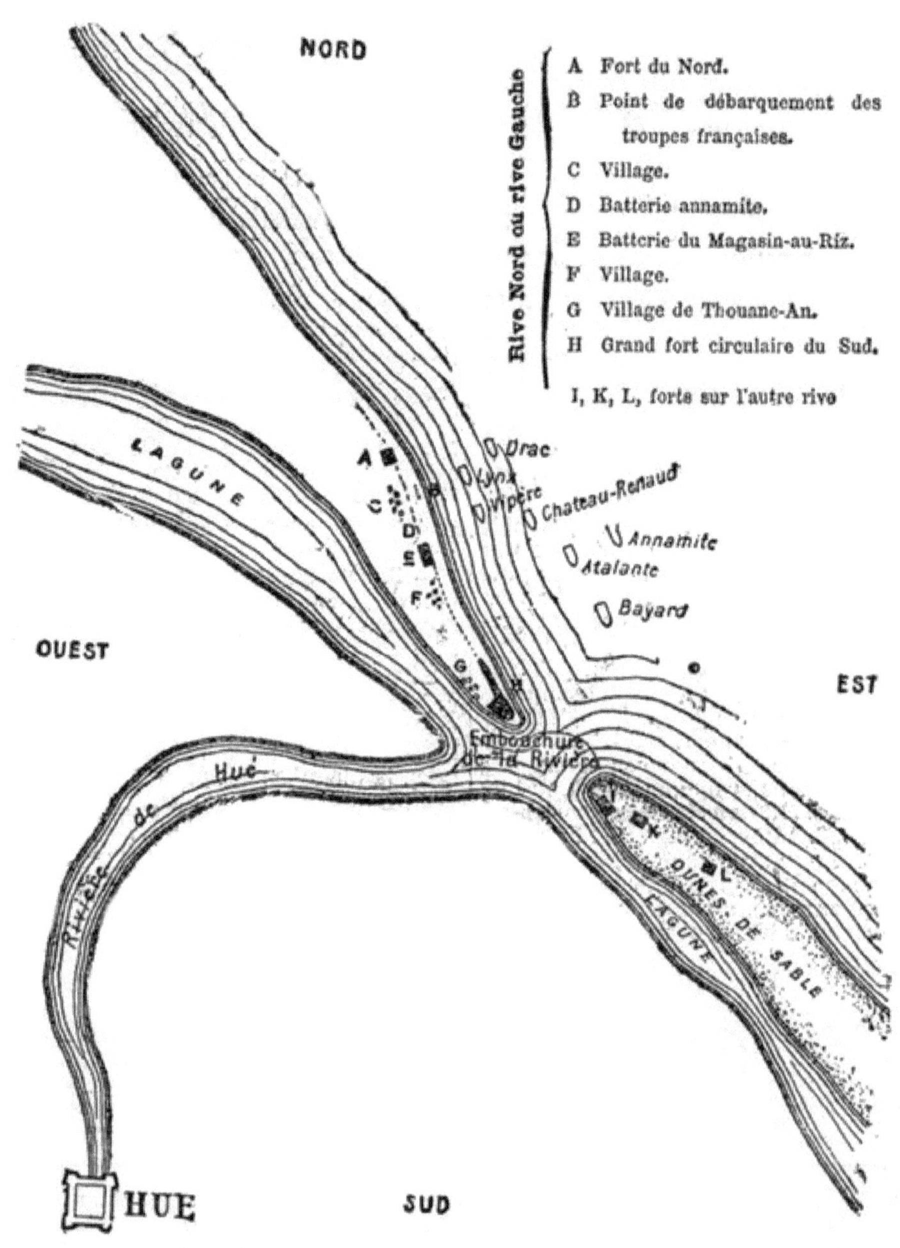

JOURNÉE DU LUNDI 20 AOÛT

4 heures du matin, branle-bas. — Nuit close. Le corps de débarquement déjeune à la hâte, s'arme, prend ses munitions et deux jours de vivres. Quelques poignées de mains, quelques petites recommandations échangées entre ceux qui partent et ceux qui restent ; — puis on s'embarque dans les canots. Toutes les pièces de l'escadre sont pointées sur la côte, prêtes à faire feu.

5 heures 30. — Au petit jour, les pavillons français sont hissés en tête de chaque mât, le vacarme du bombardement commence. La terre ne répond pas. Les dunes font tout le long de l'horizon une ligne blanche ; les montagnes d'Annam dessinent au-dessus, sur le ciel qui s'éclaire, de hautes découpures violettes.

5 heures 50. — Toute la flottille des canots se met en marche. Temps très pur, absolument calme. Le soleil se lève dans de petits nuages couleur d'or. Le jour est venu tout d'un coup, comme il est de règle dans les pays des tropiques. Tous les détails des montagnes s'accentuent en rose et en bleu. On voit au-dessus des dunes des cocotiers verts, batteries, villages, pagode, maisons aux toits ornés de découpures. Dans tout cela rien ne bouge, et nos obus semblent tomber sur un pays abandonné.

5 heures 20. — Les compagnies de débarquement du *Bayard* et de l'*Atalante* arrivent à la plage, commencent à mettre pied à terre par les brisants, en se mouillant un peu. Un instant d'anxiété : des navires de l'escadre, on distingue nettement des rangées de têtes annamites qui apparaissent au-dessus des dunes et que les marins débarqués ne peuvent pas voir ; ils paraissent les attendre là, dans des tranchées. Le *Lynx*, le plus rapproché, leur envoie un *feu de salve* qui semble en abattre une vingtaine ; les autres se baissent.

C'est près du fort du Nord, en face d'un village (point B), qu'a lieu ce débarquement. Tout à coup, de derrière les dunes, part une pluie de bombettes enflammées, avec quelques projectiles et des morceaux de ferraille. Personne de blessé. Les bombettes sont presque inoffensives, elles retombent tout doucement sur le sable comme de petits météores. Les matelots montent en courant sur les dunes, trouvent les Annamites à peine armés, font feu sur eux, en assomment à coups de crosse comme en s'amusant. Toute la bande jaune est en fuite. Un millier d'hommes, peut-être, se sauve devant cette poignée de matelots. La compagnie de débarquement de l'*Atalante*, court sur le fort du Nord. Des Annamites en sortent brusquement, s'avancent, font feu sans tuer personne, puis reculent et se sauvent.

6 heures 40. — La compagnie de l'*Atalante* est dans le fort du Nord (A). Le pavillon annamite est amené, et le premier pavillon français, hissé à sa place, par M. le lieutenant de vaisseau Poidloue, commandant la compagnie. Les marins poursuivent les Annamites dans la direction du Nord-Ouest.

7 heures. — L'artillerie de débarquement et le premier groupe d'infanterie de marine mettent pied à terre. Les canots reviennent, pour faire un second transport. Une nouvelle batterie annamite établie dans le sable, ouvre le feu contre la Vipère qui lui répond. Les marins ont mis le feu au village nord, qui commence à flamber.

7 heures 30. — La batterie annamite du Magasin-au-Riz (E) ouvre le feu. Les marins ont allumé un second incendie, celui-ci, magnifique : village, pagode, tout brûle avec d'immenses flammes rouges et des tourbillons de fumée.

7 heures 40. — Le second convoi d'infanterie de marine met pied à terre ; toute l'artillerie est débarquée et hissée sur la crête des dunes. Les troupes françaises se massent, perpendiculairement à la plage, face au sud, se disposant à marcher sur les grands forts.

7 heures 50. — Un incendie est allumé par les obus de l'escadre dans le fort circulaire du sud (H). — Toutes les troupes françaises sont massées ; l'artillerie de débarquement ouvre le feu contre les forts. — Au nord, toutes les maisons brûlent.

8 heures. — Les troupes françaises se divisent et se portent en avant vers le sud.

8 heures 35. — Les premiers groupes français arrivent, peu nombreux, à la batterie du Magasin-au-Riz (E), et font un feu précipité.

8 heures 40. — Ils reculent de quelques pas et s'abritent : le fort circulaire tire sur eux. L'escadre accélère le bombardement.

8 heures 45. — Le corps de débarquement signale de terre au vaisseau amiral (au moyen de pavillons de timonerie hissés à une perche) : « Demande de cesser le feu sur les forts. » — Le vaisseau amiral répond en signalant à l'escadre : « Cessez le feu. »

8 heures 50. — Un moment de serrement de cœur pour ceux qui regardent du bord : les Annamites sortent en masse du Magasin-au-Riz et font un feu assez rapide contre les premiers groupes français qui reculent et se jettent tous à terre, dans le sable.

8 heures 55. — On recommence à respirer. Tous les Français se sont relevés. Pas un n'est blessé sans doute, car ils courent tous ; ils courent sur les Annamites sans leur laisser le temps de recharger leurs armes. D'ailleurs, des renforts de matelots et de soldats d'infanterie de marine leur arrivent par derrière. Les Annamites se sauvent à toutes jambes, toujours vers le Sud, et ils se réfugient dans un pâté (8) de maisons (F) sur lequel leur pavillon flotte. Les Français courent après eux.

9 heures. — On ne voit pas bien ce qui se passe, au milieu de ces maisons et de ces arbres. On y entend une fusillade très vive, et le pavillon d'Annam tombe. Les Français continuent de courir en avant, vers le fort circulaire du Sud. Le soleil commence à beaucoup monter et la chaleur devient terrible.

9 heures 5. — On entend l'artillerie française, qui est arrivée à Thouane-An (le dernier village au Sud), faire feu, tout près du fort circulaire. Le village de Thouane-An s'allume brusquement d'un seul coup et se met à flamber comme un immense feu de paille.

9 heures 10. — Les Français sont entrés par deux côtés à la fois dans le grand fort circulaire (H) que les obus de l'escadre ont déjà rempli de morts. — Les derniers Annamites qui s'y étaient réfugiés se sauvent, dégringolent des murs, absolument affolés ; quelques-uns se jettent à la nage, d'autres essayent de passer la rivière dans des barques, ou à gué, pour se réfugier sur la rive du sud. Les Français, qui sont montés sur les murailles du fort, tirent sur eux, de haut en bas, presque à bout portant, et les abattent en masse. Ceux qui sont dans l'eau essayent de se couvrir naïvement avec des nattes, des boucliers d'osier, des morceaux de tôle ; les balles françaises traversent le tout. Les Annamites tombent par groupes, les bras étendus ; trois ou quatre cents d'entre eux sont fauchés en moins de cinq minutes par les *feux rapides* et les *feux de salve.* Les marins cessent de tirer, par pitié, et laissent fuir le reste ; il y aura bien assez de cadavres dans le fort à déblayer ce soir avant l'heure de se coucher.

Le grand pavillon jaune d'Annam, qui flottait depuis deux jours, est amené, et le pavillon français monte à sa place. — C'est fini, toute la rive Nord est prise, balayée, brûlée. En somme, une matinée heureuse et glorieuse, admirablement conduite.

Du côté des Annamites, environ six cents morts jonchent les chemins et les villages, la tête criblée de balles ou la poitrine crevée à coups de baïonnetlte. De notre côté, une dizaine de blessés à peine, pas un mort, pas même une blessure désespérée.

9 heures 15. — Le *Bayard*, vaisseau-amiral, fait monter ses hommes dans les haubans et crier : « hurrah ! » — Tous les bâtiments de l'escadre imitent l'amiral.

Et puis, partout, le calme se fait. — On va se reposer au moins jusqu'à Ce soir. — Les troupes débarquées demandent à l'escadre du vin et de l'eau qu'on leur envoie, et puis s'installent à l'ombre.

On était admirablement placé à bord pour suivre de haut et comme sur un plan tous les mouvements de l'attaque. Maintenant, avec les longues vues, on distingue les détails, les costumes, les attitudes, les épisodes.

Un gabier se promène gravement le long de la plage, sous un grand parasol de mandarin, — Un Annamite, qui jouait le mort sur le sable, est rencontré par un matelot porteur d'un baril, qui le menace du : doigt comme on menace les gamins. L'Annamite lui fait humblement : « tchin tchin » et lui embrasse les pieds, demandant grâce. — Le matelot a bon cœur et se laisse toucher. — « Seulement, par exemple, tu vas porter mon baril. » Il lui place l'objet sur les épaules et s'en fait accompagner comme d'un groom.

Plus un souffle dans l'air. L'accablement de midi commence à gagner partout. La mer immobile brille et chauffe par en-dessous comme un miroir. La ligne des dunes est sous le soleil d'une blancheur fatigante ; deux ou trois cadavres annamites se dessinent sur le sable ; des moutons et des porcs, chassés par le feu, leur passent dessus ; un pauvre chien qui, sans doute, n'a plus de maître, galope de droite et de gauche, ayant l'air d'avoir aussi perdu la tête. Derrière les sables, les montagnes d'Annam pâlissent sous une espèce de buée chaude, et le bleu du ciel est comme terni de chaleur. On n'entend plus rien, Seulement, les villages brûlent toujours avec de longues flammes très rouges ; leurs fumées montent tout droit, à d'étonnantes hauteurs, tant l'air est calme ; au milieu de tout cet éblouissement de bleu, elles ressemblent à de gigantesques colonnes noires.

Encore une petite canonnade vers trois heures du soir. L'escadre a changé de mouillage et est venue se poster en face de l'embouchure de la rivière. Les forts annamites de la rive Sud tirent sur la « *Vipère* » et le « *Lynx* » qui sont venus mouiller tout près de la barre, pour être en position de la franchir demain matin. L'escadre riposte, et le feu cesse.

La nuit est absolument calme. On voit, tout le long de la côte, la lueur des villages annamites, qui flambent au clair de lune jusqu'au matin.

X…

AU TONKIN

Voici la seconde partie des remarquables *impressions* sur la prise des forts de Hué qu'une communication amicale nous avait permis de publier il y a une quinzaine de jours. Dues à un spectateur qui a été aussi un acteur de cette héroïque aventure, ces notes ont la saveur spéciale des choses vues et vécues ; celles d'aujourd'hui nous ont particulièrement frappés par l'intensité et le *rendu* des sensations. Nos lecteurs salueront comme nous un penseur et un écrivain dans l'anonyme du « Campement des marins de l'*Atalante.* »

La Prise de Hué

II

Dans le campement des marins de l'Atalante.

Nuit du 20 août.

Sept heures du soir. — Déjà la nuit. — Près d'un petit feu qui brûle par terre, deux officiers de l'escadre sont assis dans des fauteuils dorés, d'une forme asiatique — c'est dans l'enceinte d'un fort, sur le sable, au milieu de débris, de tessons, de lambeaux quelconques.

Derrière eux, une tente qu'on a faite à la hâte avec les premières choses trouvées sous la main : vieilles voiles, lambeaux de pavillons jaunes ou de ceintures de soie ; — le tout soutenu par des lances, des avirons cassés, des bambous, ou des hampes d'étendard bariolées d'or. — Des matelots vont et viennent dans l'obscurité, — on maraude pour se composer un souper ; — leurs pas ne font pas de bruit sur ce sable, et ils ne causent guère non plus — c'est une espèce de calme un peu lourd qui s'est fait partout, en eux-mêmes comme ailleurs, à la tombée de cette nuit.

Ces choses presque somptueuses, cette tente et ces lances, ces dorures au milieu de ce désarroi, tout cela prend, avec le soir, un faux air des scènes du passé, un faux air des pillages, des invasions de l'Asie ancienne.

Et les deux officiers qui sont là, dans leurs fauteuils de cour, se communiquent cette impression qui leur est venue ; ils se le disent, en riant d'eux-mêmes, naturellement, en tournant en plaisanterie leur idée, par habitude de toutes les situations et par esprit moderne de tout gouailler, Dans le fond, ils éprouvent bien ce sentiment-là, qui les charme un peu : veillée dans quelque camp d'Attila ou de Tchengiz. Et, de fait, le rapprochement est juste ; l'époque est changée, les mots aussi ; — mais la chose en elle-même est restée pareille.

Impossible de causer gaiement. On ne sait pourquoi, le silence revient. On pense à toute cette région déjà noire, qui entoure les murs bas du fort, et où sont éparpillés des morts à grands cheveux… Vraiment, ces longues chevelures rudes donnent à ces cadavres de soldats des physionomies très particulières.

Dans ce silence et ce repos, mille choses vous reviennent en tête ; on a la conception très nette de tout, on est obsédé maintenant par l'horrible de ce qu'il a fallu faire.

La journée a été rude. On repasse lentement, heure par heure, cette succession de souvenirs.

D'abord, ce débarquement plein d'incertitudes, au petit jour, au milieu des brisants de la plage ; les matelots, dans l'eau jusqu'à la ceinture, secoués par les lames, trébuchant, mouillant leurs munitions et leurs armes. Mauvais début. Et puis, tout le monde était arrivé au complet sur le sable, malgré les balles et la pluie de bombettes que des gens invisibles, cachés derrière les dunes, lançaient d'en haut. Vite, on avait commencé à monter et à courir en gardant un silence de mort. Et puis, tout à coup, dans une ligne de tranchée, merveilleusement établie, qui semblait entourer toute la presqu'île, on avait trouvé des gens qui guettaient, tapis comme des rats sournois dans leurs trous de sable : des hommes jaunes, d'une grande laideur, étiques, dépenaillés, misérables, à peine armés de lances, de vieux fusils rouillés, et coiffés d'abat-jour blancs. Ils n'avaient pas l'air d'ennemis bien sérieux ; on les avait presque tous tués là sur place, au milieu de leur effarement, à coups de baïonnettes.

Quelques-uns s'étaient enfuis vers le Nord, laissant tomber leurs provisions, leurs petits paniers de riz, leurs chiques de bétel. Ceux qui avaient la poitrine crevée criaient d'une manière profonde et horrible, en vomissant leur sang dans le sable. Un, qui avait dans la bouche la baïonnette d'un matelot, mordait cette pointe, la serrait de toutes ses forces, avec ses dents saignantes qui crissaient contre le fer, — pour l'empêcher d'*entrer*, de lui crever la gorge. Mais le matelot était fort, et ses dents s'étaient cassées ; la pointe, sortie par la nuque, l'avait cloué dans le sable. On tuait presque gaiement, déjà grisé par les cris, par la course, par la couleur du sang. Et tout cela qui s'était passé très vite, très vite, en quelques secondes, défilait maintenant en souvenir, avec une lenteur et une netteté de détails qui étaient atroces…

Ensuite, le commandant supérieur du corps de débarquement avait donné l'ordre à cette compagnie de l'*Atalante* de monter tout au bout de la dune et de s'emparer du fort de droite, sur lequel flottait le pavillon jaune d'Annam.

On était monté à la course toujours, un peu en désordre ; les matelots lancés y allaient comme des enfants. Puis brusquement ils s'étaient arrêtés, reculant de deux pas…

Une nouvelle tranchée, remplie de têtes humaines !... Toutes ces figures venaient de surgir à la fois, sous une rangée de chapeaux chinois de forme abat-jour ; leurs petits yeux à coins retroussés regardaient avec une expression fausse et féroce, dilatés par une vie intense, par un paroxysme de rage et de terreur.

C'était ceux-ci qu'on avait aperçus, de l'escadre, et qu'on suivait anxieusement, de là-bas, au bout des longue-vues.

Ils ne ressemblaient plus du tout aux pauvres hères de la tranchée basse ; c'étaient des hommes très beaux, vigoureux, trapus ; des têtes carrées, miliaires, vraies têtes de Huns, avec des cheveux longs et des petites barbiches pointues à la Mongole. Correctement équipés, portant leur provision de balles dans de petits paniers de jonc passés au bras, comme des ménagères qui vont au marché ; ils restaient là, barrant le passage, attendant, ne disant rien et ne bougeant pas, — c'étaient les soldats réguliers d'Annam, — et ils devaient être braves, pour avoir tenu depuis hier sous feu terrible des obus.

Mal armés, il est vrai ; mais on ne pouvait guère juger cela à première vue ; des lances ornées de touffes de poils rouges, de grands coutelas affreux, emmanchés sur des hampes, et des fusils à pierre, la baïonnette au bout.

Un instant d'hésitation et de peur chez ces grands enfants étourdis, — les matelots ; — la surprise, sans doute, la surprise de ces têtes jaunes, de ces physionomies jamais vues, et rencontrées là face à face, émergeant de leur fossé de sable.

C'est grave quand cela prend, ces peurs-là. Les hommes d'Annam s'étaient redressés davantage, comme prêts à sortir de leurs trous. L'instant devenait suprême. Ils étaient à peine trente, eux, les premiers montés, en présence de tout ce monde jaune ; les autres restaient encore à mi-côte, trop loin pour les soutenir.

Et précisément, malgré leurs airs de grands garçons et leurs tournures carrées, ces matelots de la section de tête étaient des très jeunes, presque tous des enfants d'une vingtaine d'années, pêcheurs bretons, qui avaient quitté leur village au printemps dernier et n'avaient jamais vu pareille fête. — On leur avait parlé des chausse-trapes, des trous garnis de pointes que les Chinois dissimulent sous les pas ; on leur avait même donné des cordes à nœuds, en leur expliquant le jeu de ces pièges et la manière d'en sortir. Et ces choses leur revenaient à l'esprit, avec la tête du commandant Rivière plantée au bout d'une pique, et la mort des prisonniers suppliciés… Oui, ils avaient bien vraiment un peu peur.

Le lieutenant de vaisseau qui commandait cette compagnie de l'*Atalante* s'était mis à leur crier : *En avant !* à leur dire très vite une foule de choses pour les entraîner. Il avait avec lui un brave second-maître de manœuvre, appelé Jean-Louis Balcon, qui avait déjà guerroyé en Chine, et qui, lui, cherchait à entraîner l'aile gauche par une rapide et bizarre harangue de matelot. — Et les têtes qui regardaient derrière la tranchée écarquillaient leurs petits yeux obliques, hésitant encore, se demandant si le moment était bien venu de se ruer sur ces Français…

Tout cela, qui est très long à dire, n'avait pas duré deux minutes. — Mais, de l'escadre, on avait vu aussi ce mouvement d'hésitation, et on l'avait suivi avec une poignante inquiétude.

Enfin, tout d'un coup, les matelots avaient été enlevés par je ne sais quelle parole meilleure, quel sentiment de rage ou de devoir. — Ils s'étaient jetés en avant, tête baissée, avec des cris contre les gens d'Annam.

Ceux-ci s'étaient attendus à une attaque à l'arme blanche, ayant vu briller les baïonnettes des Français. Mais non, les « *magasins* » des fusils étaient chargés et ce fut un « *feu à répétition* », un de ces feux rapides, foudroyants, des « *Kropatschek* », qui s'abattit sur eux comme une grêle. Ils tombaient en faisant voler du sable, et maintenant ils avaient trouvé eux aussi des voix aiguës pour crier ; ils s'affalaient, ne savaient plus se servir de leurs lances ; cette rapidité de nos armes leur jetait une immense stupeur. Non, ils n'avaient rien imaginé de pareil : des fusils encore plus effrayants et d'un jeu plus mystérieux que les canons d'hier !… Alors ils avaient été pris de cette terreur sans nom des choses incompréhensibles, fatales, contre lesquelles on sent qu'il n'y a rien à faire, et la panique des déroutes avait commencé à les gagner tous comme une traînée de poudre.

Ils fuyaient en criant, se renversant les uns les autres dans leur tranchée étroite. Et les matelots, la petite poignée d'hommes, tout à fait enfiévrés à présent par la fumée, par le soleil, par le sang, couraient, après, baïonnette dans les reins, — et montaient toujours.

En quelques secondes, on était arrivé tout en haut des dunes, devant le fort. Des soldats à têtes de Huns, qui le gardaient, cachés derrière les talus, en étaient sortis par un mouvement brusque, comme des diables qui sautent d'une boîte, et avaient fait feu à bout portant. Par une de ces chances extraordinaires, comme nous en avions ce matin-là, ils n'avaient blessé personne, et tout de suite ils s'étaient sauvés en désordre, gagnés eux aussi par la contagion de la peur.

Alors le lieutenant de vaisseau commandant, aidé toujours du second maître Jean-Louis Balcon, avait arraché le pavillon jaune d'Annam, le pavillon noir du mandarin, et hissé à leur place celui de France. Ce fort était le point culminant de la presqu'île ; on l'avait immédiatement aperçu de partout, ce petit pavillon français ; de la plage et de l'escadre, les matelots, qui étaient à ce moment très expansifs, l'avaient salué par des cris de joie. C'était le premier, flottant sur cette terre de Tu-Duc ; ce n'était rien et c'était beaucoup : — un signe d'espoir, visible là pour toute la petite troupe française, et, pour les autres, le présage de la déroute.

Du haut de ce fort, où les hommes de l'*Atalante* venaient en courant se grouper, on voyait de loin tout le corps de débarquement, la compagnie du *Bayard*, l'artillerie, l'infanterie de marine, les *matas* indigènes se masser sur les dunes pour commencer leur grand mouvement d'ensemble vers les forts du Sud. On suivait cela du coin de l'œil ; mais on avait surtout à s'occuper des fuyards de la tranchée, qui redescendaient tous sur l'autre versant de sable, du côté de l'intérieur de la grande lagune.

On en avait tué beaucoup, presque au vol. Mais la masse s'était réfugiée à gauche, dans un village qui était là, au pied du fort. Un village très riant sous le soleil, avec des maisonnettes blanches bariolées à la chinoise ; avec de beaux arbres exotiques et des jardins fleuris ; avec des pagodes anciennes ; aux murs ornés de faïences de mille couleurs, aux toits tout hérissés de monstres.

Oh ! les malheureux fuyards !... L'instant d'après, ce village flambait. Un obus de l'escadre était tombé au milieu, justement dans des cases de paille... Murailles de planches peintes, fines charge de bambous, cloisons de rotins à jours, tout cela s'était allumé presque à la fois ; les flammes passaient d'une maison à l'autre si vite qu'on n'avait pas le temps de les voir courir.

Autour de ces feux, il doit se passer de curieuses choses. Mais ils sont très lointains, et du bord on ne peut rien voir. Il devient nécessaire de changer le point de vue : nous le transporterons donc à terre, là bas, au campement des marins de l'*Atalante*.

X.

(À suivre).

AU TONKIN

Tous les lettrés ont certainement reconnu l'auteur des admirables *Impressions* que le *Figaro* a publiées sur la guerre du Tonkin et la prise des forts de Hué ; aussi n'y a-t-il plus d'inconvénient à dire aujourd'hui que ces pages magistrales sont l'œuvre de Pierre Loti, l'auteur du *Mariage de Loti*, du *Roman du Spahi* et de ce récit qui, après avoir charmé les lecteurs de la *Revue des Deux-Mondes*, va être le succès de l'hiver pour l'éditeur Calmann Lévy : MON FRÈRE YVES.

La Prise de Hué

II

Dans le campement des marins de l'A{alante.

Nuit du 20 août.

— Suite —

Au milieu de la lumière matinale, qui était fraîche et bleue, ces flammes étaient d'un rouge extraordinaire ; elles n'éclairaient pas, elles étaient sombres comme du sang. On les regardait se tordre, se mêler, se dépêcher de tout consumer ; les fumées, d'un noir intense, répandaient une puanteur âcre et musquée. Sur les toits des pagodes, au milieu des diableries, parmi toutes les griffes ouvertes, toutes les queues fourchues, tous les dards, cela semblait d'abord assez naturel de voir courir les langues rouges du feu. Mais tous les petits monstres de plâtre s'étaient mis à crépiter, à éclater, lançant de droite et de gauche leurs écailles en porcelaine bleue, leurs yeux méchants en boules de cristal, — et ils s'étaient effondrés, avec les solives, dans les trous béants des sanctuaires.

Les matelots devenaient difficiles à retenir ; ils voulaient descendre dans ce village, fouiller sous les arbres, en finir, avec les gens de Tu-Duc. Un danger inutile, car évidemment les pauvres fuyards allaient être obligés d'en sortir, et alors la route d'en bas, qui passait au pied même du fort, deviendrait leur seule issue.

On avait réglé les hausses pour la distance, chargé les *magasins* des fusils ; on avait tranquillement tout préparé pour les tuer au passage. Et, en les attendant, on regardait là bas le mouvement combiné des autres troupes françaises, qui s'accélérait vers le Sud, les ennemis qui fuyaient, les pavillons d'Annam qui s'amenaient. La grande batterie du *Magasin-au-riz* était prise, les villages de derrière brûlaient avec des flammes rouges et des fumées noires... Et on se réjouissait de voir tous ces incendies, de voir comme tout allait vite et bien, comme tout ce pays flambait. On n'avait plus conscience de rien, et tous les sentiments s'absorbaient dans cette étonnante joie de détruire.

En effet, ils avaient passé sous le feu des marins de l'*Alalante*, ces fuyards attendus. On les avait vus paraître, se masser, à moitié roussis, à la sortie de leur village ; hésitant encore, se retroussant très haut pour mieux courir, se couvrant la tête, en prévision des balles, avec des bouts de planches, des nattes, des boucliers d'osier, — précautions enfantines, comme on en prendrait contre une ondée. Et puis ils avaient essayé de passer, en courant à toutes jambes.

Alors la grande tuerie avait commencé. On avait fait des « *feux de salve* », deux — et c'était plaisir de voir ces gerbes de balles, si facilement dirigeables, s'abattre sur eux deux fois par minute au commandement, d'une manière méthodique et sûre. C'était une espèce d'arrosage, qui les couchait tous, par groupes, dans un éclaboussement de sable et de gravier.

On en voyait d'absolument fous, qui se relevaient, pris d'un vertige de courir, comme des bêtes blessées ; ils faisaient en zigzags, et tout de travers, cette course de la mort, se retroussant jusqu'aux reins d'une manière comique ; leurs chignons dénoués, leurs grands cheveux leur donnant des airs de femme.

D'autres se jetaient à la nage dans la lagune, se couvrant la tête, toujours, avec des abris d'osier et de paille, cherchant à gagner les jonques. On les tuait dans l'eau.

Il y avait de très bons plongeurs, qui restaient longtemps au fond ; — on réussissait tout de même à les attraper, quand ils mettaient la tête dehors pour prendre une gorgée d'air, comme des phoques.

Et puis on s'amusait à compter les morts… cinquante à gauche, quatre-vingts à droite ; dans le village, on les voyait par petits tas ; quelques-uns, tout roussis, n'avaient pas fini de remuer : un bras, une jambe se raidissait tout droit, dans une crispation ; ou bien on entendait un grand cri horrible.

Avec ceux qui avaient dû tomber dans les forts du Sud, cela pouvait bien faire huit cents ou mille. Les matelots discutaient là-dessus, établissaient même des paris sur la quantité.

Un fort annamite de la grande terre venait d'envoyer, au milieu d'eux, trois boulets, parfaitement pointés, qui, par une rare chance, avaient traversé les groupes sans toucher personne. Ils n'y avaient même pas pris garde, tant ils étaient occupés à guetter les passants et les nageurs.

Il n'en restait plus guère pourtant. À peine neuf heures du matin, et déjà tout semblait fini ; la compagnie du *Bayard* et l'infanterie venaient d'enlever là bas le fort circulaire du sud, armé de plus de cent canons ; son grand pavillon jaune, le dernier, était par terre, et de ce côté encore les fuyards affolés se jetaient en masse dans l'eau, en se cachant la tête, poursuivis par les feux de salve. En moins de trois heures, le mouvement français s'était opéré avec une précision et un bonheur surprenants ; la déroute du roi d'Annam était achevée.

Le bruit de l'artillerie, les coups secs des gros canons avaient cessé partout ; les bâtiments de l'escadre ne tiraient plus, ils se tenaient tranquilles sur l'eau très bleue.

Et puis une foule blanche s'était répandue en courant dans les mâtures ; tous les matelots restés à bord étaient montés dans les haubans, face à la terre et criaient ensemble : « Hurrah ! » en agitant leurs chapeaux. C'était la fin.

Déjà une chaleur accablante, une réverbération mortelle sur ces sables ; les grandes fumées des villages incendiés montaient toujours, très droites, puis s'épanouissaient tout en haut de l'air en gigantesques parasols noirs.

Plus personne à tuer. Alors les matelots, la tête perdue de soleil, de bruit, sortaient du fort et descendaient se jeter sur les blessés, avec une espèce de tremblement nerveux. Ceux qui haletaient de peur, tapis dans des trous ; qui *faisaient les morts*, cachés sous des nattes ; qui râlaient en tendant les mains pour demander grâce ; qui criaient « Han !...

Han !… » d'une voix déchirante, — ils les achevaient, en les crevant à coups de baïonnette, en leur cassant la tête à coups de crosse.

Des petits « boys » de Saïgon, efféminés et féroces — domestiques annamites venus à la suite de l'infanterie — s'étaient répandus parmi les matelots, les appelaient quand ils avaient déniché quelque malheureux caché dans un coin, les tiraient par le bras, disant : Monsieur, encore un par ici, encore un par là !… Viens vite, monsieur, lui faire pan, pan, pan ! »

On ne les reconnaissait plus ; les matelots ; ils étaient fous. — On voulait les retenir. — On leur disait : « Mais c'est sale et lâche, mes pauvres amis, ce que vous faites là ! »

Eux répondaient :

— Des sauvages, cap'taine ! — Ils ont bien promené la tête du commandant Rivière au bout d'un bâton, dans leur ville !…

— Ça, des vrais hommes ; cap'taine ? — Si C'était nous les battus, ils nous auraient coupés en morceaux — vous savez bien — ou sciés entre des planches !

Rien à répondre à cela ; c'était vrai — et on les laissait à leur sombre travail…

Après tout, en extrême Orient, ce sont les lois de la guerre. Et puis, quand on arrive avec une petite poignée d'hommes pour imposer sa loi à tout un pays immense, l'entreprise est si aventureuse, qu'il faut faire beaucoup de morts, jeter beaucoup de terreur, sous peine de succomber soi-même.

À l'approche de midi, tous les gens de l'*Atalante* avaient peu à peu rallié ce petit fort qu'ils devaient occuper jusqu'au lendemain, par ordre du commandant supérieur. Ils étaient très épuisés de fatigue, de surexcitation nerveuse et de soif. Les dunes roses miroitaient d'une manière insoutenable sous ce soleil, qui était au zénith ; la lumière tombait d'aplomb, éblouissante, et les hommes debout n'avaient sur le sable que des ombres toutes courtes, qui s'arrêtaient entre leurs pieds.

Et cette grande terre d'Annam qu'on apercevait de l'autre côté de la lagune semblait un Éden, avec ses hautes montagnes bleues, ses vallées fraîches et boisées. On songeait à cette ville immense de Hué, qui était là derrière ces rideaux de verdure, à peine défendue maintenant, et pleine de mystérieux trésors. Sans doute, on irait demain, et ce serait la vraie fête.

L'heure de dîner était venue, et on avait commencé à s'installer pour faire le plus commodément possible un maigre repas de campagne avec des vivres de bord. Par bonheur, il y avait là, à petite distance, la case portative d'un mandarin militaire en fuite depuis la veille ; une case très vaste, toute en bambous et en roseaux, en treillages fins, élégants, d'une légèreté extrême. On l'avait rapprochée, avec ses bancs de rotin, ses fauteuils, et on s'y était assis bien à l'abri contre l'ardent soleil.

Mauvaise surprise : le vin se trouvait *court,* malgré les ordres formels de l'amiral et du commandant de l'*Atalante.* C'était à n'y rien comprendre… Tant pis ! on avait mis un peu plus d'eau dans les bidons, et dîné très gaiement quand même.

Ils avaient tous ramassé des lances, des hardes, des chapelets de *sapèques,* et portaient, enroulées autour des reins, de belles bandes d'étoffe de différentes couleurs chinoises.(Les matelots aiment toujours beaucoup les ceintures.) Ils prenaient des airs de triomphateurs, sous des parasols magnifiques ; ou bien jouaient négligemment de l'éventail et agitaient des chasse-mouches de plumes.

Avec ce peu d'ombre et de repos, le calme s'était fait dans ces têtes très jeunes, la réaction s'était accomplie ; ils étaient redevenus eux-mêmes, tout écœurés d'avoir pu être si cruels.

L'un d'eux, entendant un blessé crier dehors, s'était levé pour aller lui faire boire, à son propre bidon, sa réserve de vin et d'eau.

L'incendie du village s'éteignait doucement ; on ne voyait plus que çà et là quelques flammèches rouges au milieu des décombres noirs. Trois ou quatre maisons n'avaient pas brûlé. Deux pagodes aussi restaient debout ; la plus rapprochée du fort, en achevant de se consumer, avait tout à coup répandu un parfum suave de baume et d'encens.

Les matelots avaient tous quitté leur toit de bambous ; un peu fatigués pourtant, et aveuglés de lumière, ils erraient sous ce dangereux soleil de deux heures, cherchant encore les blessés ; mais cette fois pour les faire boire, leur porter du riz ; les arranger mieux sur le sable ; les coucher, la tête plus haute. Ils ramassaient des chapeaux chinois pour les coiffer, des nattes pour leur faire de petits abris contre la chaleur. Et eux, les hommes jaunes qui inventent pour leurs prisonniers des raffinements de supplices, les regardaient avec des yeux dilatés de surprise et de reconnaissance ; ils leur faisaient *merci*, avec de pauvres mains tremblantes ; surtout ils osaient maintenant exhaler tout haut les râles qui soulagent, pousser les lugubres : « Han !… Han ! » qu'ils retenaient depuis le matin, pour avoir l'air d'être morts.

Il y avait des cadavres déjà bien affreux, ceux contre lesquels s'étaient acharnées les baïonnettes : les yeux sortis ; le corps tout criblé, tout lardé, tout à trous. Et de grosses mouches-à-bœufs les mangeaient.

Pierre Loti.

(À suivre).